If Lost Please Contact

_____

_____

_____

_____

_____

_____

Dedication

This Budget Planner Journal is dedicated to all the people out there who want to organize, budget their finances, and document their findings in the process.

You are my inspiration for producing books and I'm honored to be a part of keeping all of your Budget notes and records organized.

This journal notebook will help you record your details about organizing your money.

Thoughtfully put together with these sections to record in detail: Credit Card Info, Bank Card Info, Bills, Debt, Income, Expenses, Donations, Savings, Finance Goals, No Spend Tracker, and much more!

How to Use this Book

The purpose of this book is to keep all of your Budget notes all in one place. It will help keep you organized.

This Budget Planner Journal will allow you to accurately document every detail about your day. It's a great way to chart your course through keeping track of your finances.

Here are examples of the prompts for you to fill in and write about your experience in this book:

1. Bank Card Information

2. Credit Card Information

3. Savings Account Record

4. Bill Payment

5. Debt Payment

6. Yearly Income

7. Expense Tracker

8. Donation Tracker

9. Checkbook Register

10. Account Tracker

11. Monthly Bill Checklist

12. Savings Trackers

13. Finance Goals

14. No Spend Trackers

Bank Card INFORMATION

BANK/COMPANY	
ACCOUNT	
ROUTING	
DEBIT/CC	
PIN	
PHONE	
WEBSITE	
LOGIN	
PASSWORD	

BANK/COMPANY	
ACCOUNT	
ROUTING	
DEBIT/CC	
PIN	
PHONE	
WEBSITE	
LOGIN	
PASSWORD	

BANK/COMPANY	
ACCOUNT	
ROUTING	
DEBIT/CC	
PIN	
PHONE	
WEBSITE	
LOGIN	
PASSWORD	

BANK/COMPANY	
ACCOUNT	
ROUTING	
DEBIT/CC	
PIN	
PHONE	
WEBSITE	
LOGIN	
PASSWORD	

BANK/COMPANY	
ACCOUNT	
ROUTING	
DEBIT/CC	
PIN	
PHONE	
WEBSITE	
LOGIN	
PASSWORD	

BANK/COMPANY	
ACCOUNT	
ROUTING	
DEBIT/CC	
PIN	
PHONE	
WEBSITE	
LOGIN	
PASSWORD	

Credit Card INFORMATION

BANK/COMPANY
CARD NUMBER
SECURITY CODE
DUE DATE
PIN
LIMIT
WEBSITE
LOGIN
PASSWORD

BANK/COMPANY
CARD NUMBER
SECURITY CODE
DUE DATE
PIN
LIMIT
WEBSITE
LOGIN
PASSWORD

BANK/COMPANY
CARD NUMBER
SECURITY CODE
DUE DATE
LIMIT
WEBSITE
LOGIN
PASSWORD

BANK/COMPANY
CARD NUMBER
SECURITY CODE
DUE DATE
PIN
LIMIT
WEBSITE
LOGIN
PASSWORD

BANK/COMPANY
CARD NUMBER
SECURITY CODE
DUE DATE
LIMIT
WEBSITE
LOGIN
PASSWORD

BANK/COMPANY
CARD NUMBER
SECURITY CODE
DUE DATE
PIN
LIMIT
WEBSITE
LOGIN
PASSWORD

52 weeks
SAVING

	DEPOSIT	DONE	BALANCE	WEEK	DEPOSIT	DONE	BALANCE
1		☐		31		☐	
2		☐		32		☐	
3		☐		33		☐	
4		☐		34		☐	
5		☐		35		☐	
6		☐		36		☐	
7		☐		37		☐	
8		☐		38		☐	
9		☐		39		☐	
10		☐		40		☐	
11		☐		41		☐	
12		☐		42		☐	
13		☐		43		☐	
14		☐		44		☐	
15		☐		45		☐	
16		☐		46		☐	
17		☐		47		☐	
18		☐		48		☐	
19		☐		49		☐	
20		☐		50		☐	
21		☐		51		☐	
22		☐		52		☐	
23		☐					
24		☐					
25		☐					
26		☐					
27		☐					
28		☐					
29		☐					
30		☐					

NOTES

Bill payment

YEAR _____

BILL	AMOUNT	DATE	JANUARY	FEBRUARY	MARCH	APRIL	MAY	JUNE	JULY	AUGUST	SEPTEMBER	OCTOBER	NOVEMBER	DECEMBER

Debt PAYMENT

DEBT _____ **CREDITOR** _____

DUE DATE _____ STARTING BALANCE _____ ACCOUNT ID _____

JAN	FEB	MAR	APR	MAY	JUN	JUL	AUG	SEP	OCT	NOV	DEC

DEBT _____ **CREDITOR** _____

DUE DATE _____ STARTING BALANCE _____ ACCOUNT ID _____

JAN	FEB	MAR	APR	MAY	JUN	JUL	AUG	SEP	OCT	NOV	DEC

DEBT _____ **CREDITOR** _____

DUE DATE _____ STARTING BALANCE _____ ACCOUNT ID _____

JAN	FEB	MAR	APR	MAY	JUN	JUL	AUG	SEP	OCT	NOV	DEC

DEBT _____ **CREDITOR** _____

DUE DATE _____ STARTING BALANCE _____ ACCOUNT ID _____

JAN	FEB	MAR	APR	MAY	JUN	JUL	AUG	SEP	OCT	NOV	DEC

DEBT _____ **CREDITOR** _____

DUE DATE _____ STARTING BALANCE _____ ACCOUNT ID _____

JAN	FEB	MAR	APR	MAY	JUN	JUL	AUG	SEP	OCT	NOV	DEC

Debt PAYMENT

DEBT _____ **CREDITOR** _____

DUE DATE _____ STARTING BALANCE _____ ACCOUNT ID _____

JAN	FEB	MAR	APR	MAY	JUN	JUL	AUG	SEP	OCT	NOV	DEC

DEBT _____ **CREDITOR** _____

DUE DATE _____ STARTING BALANCE _____ ACCOUNT ID _____

JAN	FEB	MAR	APR	MAY	JUN	JUL	AUG	SEP	OCT	NOV	DEC

DEBT _____ **CREDITOR** _____

DUE DATE _____ STARTING BALANCE _____ ACCOUNT ID _____

JAN	FEB	MAR	APR	MAY	JUN	JUL	AUG	SEP	OCT	NOV	DEC

DEBT _____ **CREDITOR** _____

DUE DATE _____ STARTING BALANCE _____ ACCOUNT ID _____

JAN	FEB	MAR	APR	MAY	JUN	JUL	AUG	SEP	OCT	NOV	DEC

DEBT _____ **CREDITOR** _____

DUE DATE _____ STARTING BALANCE _____ ACCOUNT ID _____

JAN	FEB	MAR	APR	MAY	JUN	JUL	AUG	SEP	OCT	NOV	DEC

Yearly INCOME

JANUARY	FEBRUARY	MARCH	APRIL

MAY	JUNE	JULY	AUGUST

SEPTEMBER	OCTOBER	NOVEMBER	DECEMBER

TOTAL _____

Yearly EXPENSES

JANUARY	FEBRUARY	MARCH	APRIL

MAY	JUNE	JULY	AUGUST

SEPTEMBER	OCTOBER	NOVEMBER	DECEMBER

TOTAL _____

Donation TRACKER

DATE	DESCRIPTION	ORGANIZATION	CONDITION	VALUE	✓
					☐
					☐
					☐
					☐
					☐
					☐
					☐
					☐
					☐
					☐
					☐
					☐
					☐
					☐
					☐
					☐
					☐
					☐
					☐
					☐
					☐
					☐
					☐
					☐
					☐
					☐
					☐
					☐
					☐
					☐
					☐
					☐
					☐
					☐
					☐
					☐
					☐
					☐

Checkbook REGISTER

DATE	CHECK	DESCRIPTION	WITHDRAWAL	✓	DEPOSIT	BALANCE

Checkbook REGISTER

DATE	CHECK	DESCRIPTION	WITHDRAWAL	✓	DEPOSIT	BALANCE

Checkbook REGISTER

DATE	CHECK	DESCRIPTION	WITHDRAWAL	✓	DEPOSIT	BALANCE

Checkbook REGISTER

DATE	CHECK	DESCRIPTION	WITHDRAWAL	✓	DEPOSIT	BALANCE

Checkbook REGISTER

DATE	CHECK	DESCRIPTION	WITHDRAWAL	✓	DEPOSIT	BALANCE

Checkbook REGISTER

DATE	CHECK	DESCRIPTION	WITHDRAWAL	✓	DEPOSIT	BALANCE

Checkbook REGISTER

DATE	CHECK	DESCRIPTION	WITHDRAWAL	✓	DEPOSIT	BALANCE

Checkbook REGISTER

DATE	CHECK	DESCRIPTION	WITHDRAWAL	✓	DEPOSIT	BALANCE

Checkbook REGISTER

DATE	CHECK	DESCRIPTION	WITHDRAWAL	✓	DEPOSIT	BALANCE

Checkbook REGISTER

DATE	CHECK	DESCRIPTION	WITHDRAWAL	✓	DEPOSIT	BALANCE

Account
TRACKER

MONTH _____ ACCOUNT _____ BALANCE _____

DATE	DESCRIPTION	DEPOSIT	WITHDRAWAL	BALANCE

Account
TRACKER

MONTH _____ ACCOUNT _____ BALANCE _____

DATE	DESCRIPTION	DEPOSIT	WITHDRAWAL	BALANCE

Account
TRACKER

MONTH _____ ACCOUNT _____ BALANCE _____

DATE	DESCRIPTION	DEPOSIT	WITHDRAWAL	BALANCE

Account
TRACKER

MONTH _____ ACCOUNT _____ BALANCE _____

DATE	DESCRIPTION	DEPOSIT	WITHDRAWAL	BALANCE

Account
TRACKER

MONTH _____ ACCOUNT _____ BALANCE _____

DATE	DESCRIPTION	DEPOSIT	WITHDRAWAL	BALANCE

Account
TRACKER

MONTH _____ ACCOUNT _____ BALANCE _____

DATE	DESCRIPTION	DEPOSIT	WITHDRAWAL	BALANCE

Monthly Bill
CHECKLIST

MONTH _____

DATE	SOURCE/DESCRIPTION	AMOUNT	PAID
			☐
			☐
			☐
			☐
			☐
			☐
			☐
			☐
			☐
			☐
			☐
			☐
			☐
			☐
			☐
			☐
			☐
			☐
			☐
			☐
			☐
			☐
			☐
			☐
			☐
			☐
			☐
			☐
			☐
			☐
			☐
			☐
			☐
			☐

Savings Tracker

SAVE FOR _____

AMOUNT NEEDED _____ STARTING BALANCE _____ TARGET DATE _____

Finance Goal

DATE _____

NEXT MONTH

_____ ☐
_____ ☐
_____ ☐
_____ ☐

NEXT QUARTER

_____ ☐
_____ ☐
_____ ☐
_____ ☐
_____ ☐

NEXT 6 MONTHS

_____ ☐
_____ ☐
_____ ☐
_____ ☐
_____ ☐

THIS YEAR

_____ ☐
_____ ☐
_____ ☐
_____ ☐
_____ ☐
_____ ☐
_____ ☐
_____ ☐
_____ ☐
_____ ☐
_____ ☐
_____ ☐
_____ ☐

No Spend
TRACKER

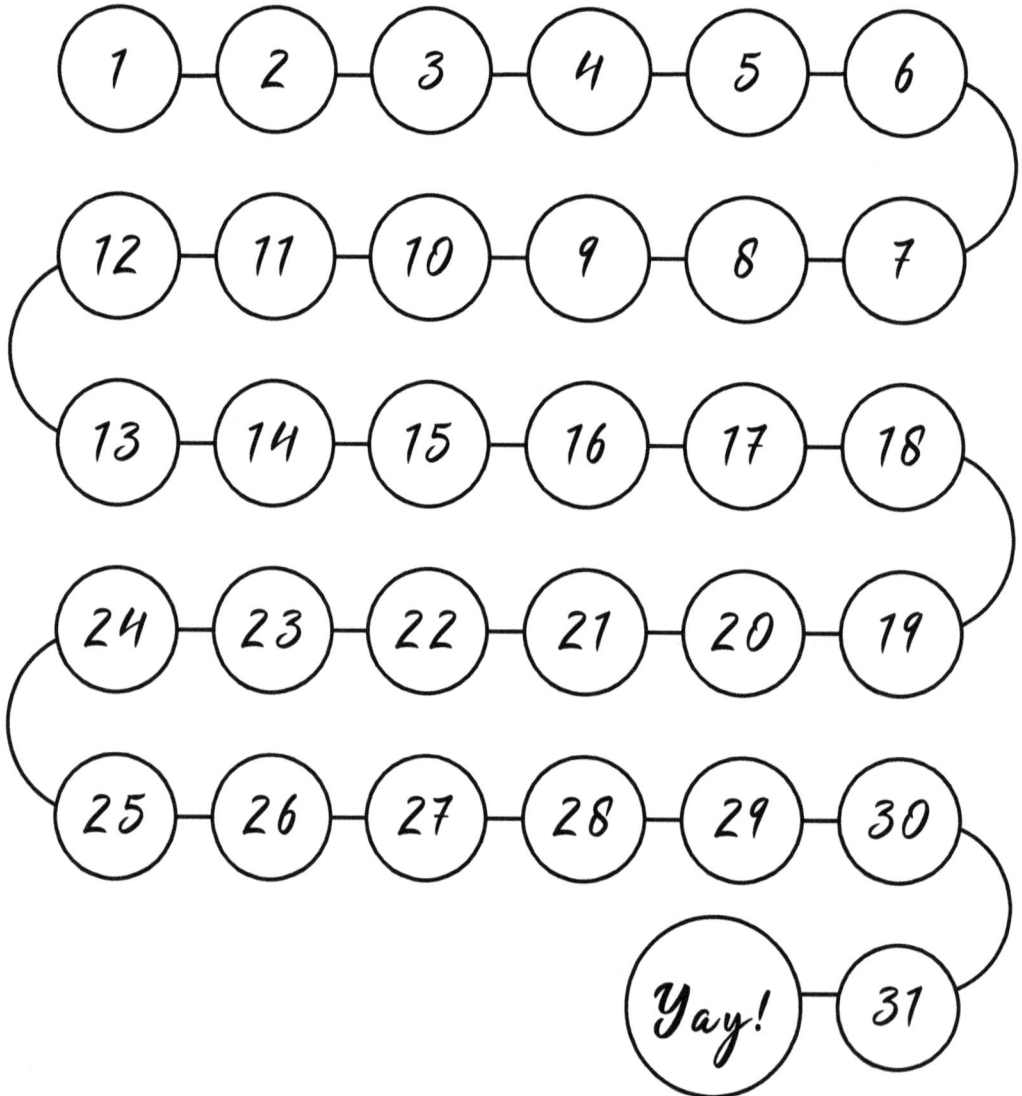

| 1 | 2 | 3 | 4 | 5 | 6 |

| 12 | 11 | 10 | 9 | 8 | 7 |

| 13 | 14 | 15 | 16 | 17 | 18 |

| 24 | 23 | 22 | 21 | 20 | 19 |

| 25 | 26 | 27 | 28 | 29 | 30 |

Yay! | 31

Monthly Bill
CHECKLIST

MONTH _____

DATE	SOURCE/DESCRIPTION	AMOUNT	PAID
			☐
			☐
			☐
			☐
			☐
			☐
			☐
			☐
			☐
			☐
			☐
			☐
			☐
			☐
			☐
			☐
			☐
			☐
			☐
			☐
			☐
			☐
			☐
			☐
			☐
			☐
			☐
			☐
			☐
			☐
			☐
			☐
			☐
			☐

Savings Tracker

SAVE FOR _____

AMOUNT NEEDED _____ STARTING BALANCE _____ TARGET DATE _____

Finance Goal

DATE _____

NEXT MONTH

_____ ☐
_____ ☐
_____ ☐
_____ ☐

NEXT QUARTER

_____ ☐
_____ ☐
_____ ☐
_____ ☐
_____ ☐

NEXT 6 MONTHS

_____ ☐
_____ ☐
_____ ☐
_____ ☐
_____ ☐

THIS YEAR

_____ ☐
_____ ☐
_____ ☐
_____ ☐
_____ ☐
_____ ☐
_____ ☐
_____ ☐
_____ ☐
_____ ☐
_____ ☐
_____ ☐

No Spend
TRACKER

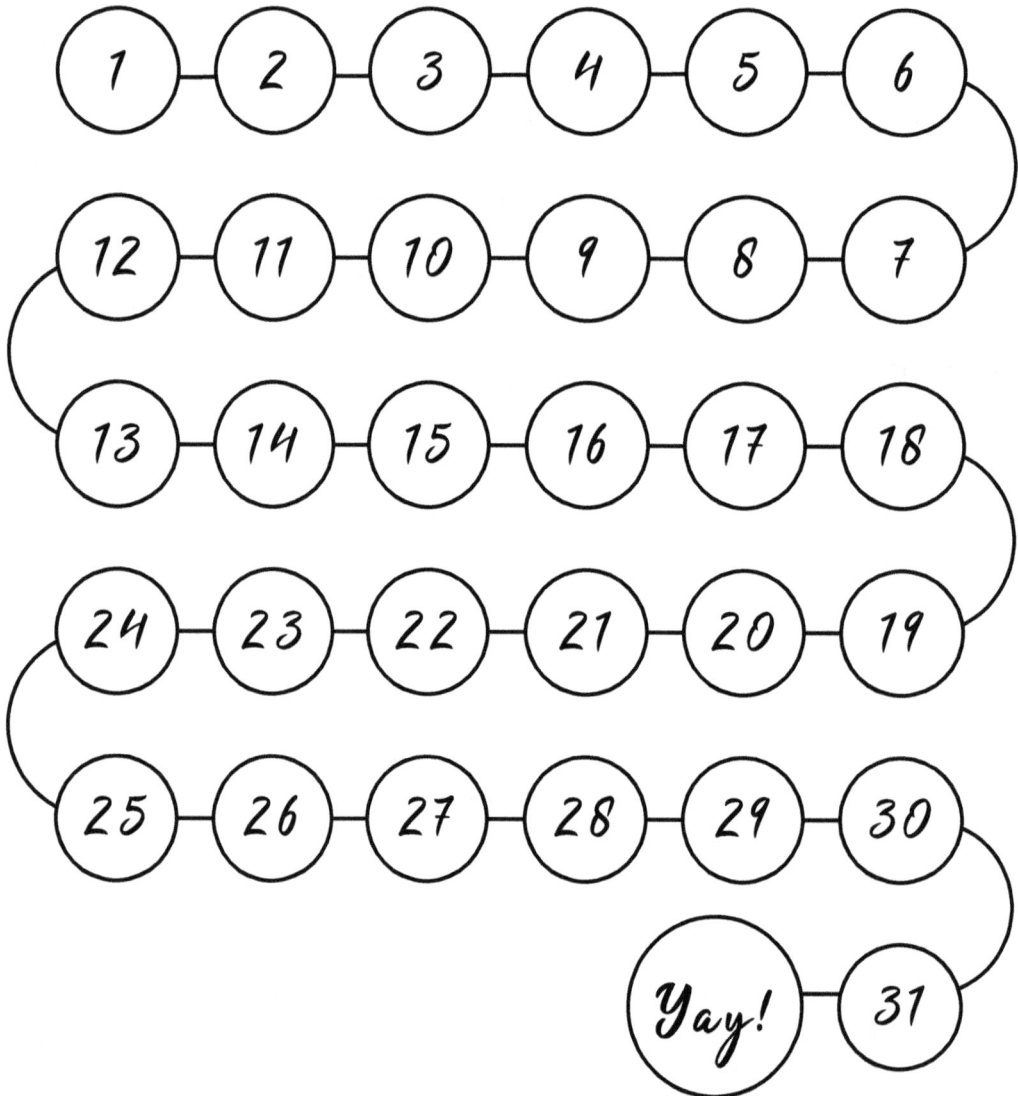

1 — 2 — 3 — 4 — 5 — 6

12 — 11 — 10 — 9 — 8 — 7

13 — 14 — 15 — 16 — 17 — 18

24 — 23 — 22 — 21 — 20 — 19

25 — 26 — 27 — 28 — 29 — 30

Yay! — 31

Monthly Bill
CHECKLIST

MONTH _____

DATE	SOURCE/DESCRIPTION	AMOUNT	PAID
			☐
			☐
			☐
			☐
			☐
			☐
			☐
			☐
			☐
			☐
			☐
			☐
			☐
			☐
			☐
			☐
			☐
			☐
			☐
			☐
			☐
			☐
			☐
			☐
			☐
			☐
			☐
			☐
			☐
			☐
			☐
			☐
			☐
			☐
			☐
			☐

Savings Tracker

SAVE FOR _____

AMOUNT NEEDED _____ STARTING BALANCE _____ TARGET DATE _____

Finance Goal

DATE _____

NEXT MONTH
_____ ☐
_____ ☐
_____ ☐
_____ ☐
_____ ☐

NEXT QUARTER
_____ ☐
_____ ☐
_____ ☐
_____ ☐
_____ ☐
_____ ☐

NEXT 6 MONTHS
_____ ☐
_____ ☐
_____ ☐
_____ ☐
_____ ☐
_____ ☐

THIS YEAR
_____ ☐
_____ ☐
_____ ☐
_____ ☐
_____ ☐
_____ ☐
_____ ☐
_____ ☐
_____ ☐
_____ ☐
_____ ☐
_____ ☐
_____ ☐
_____ ☐

No Spend
TRACKER

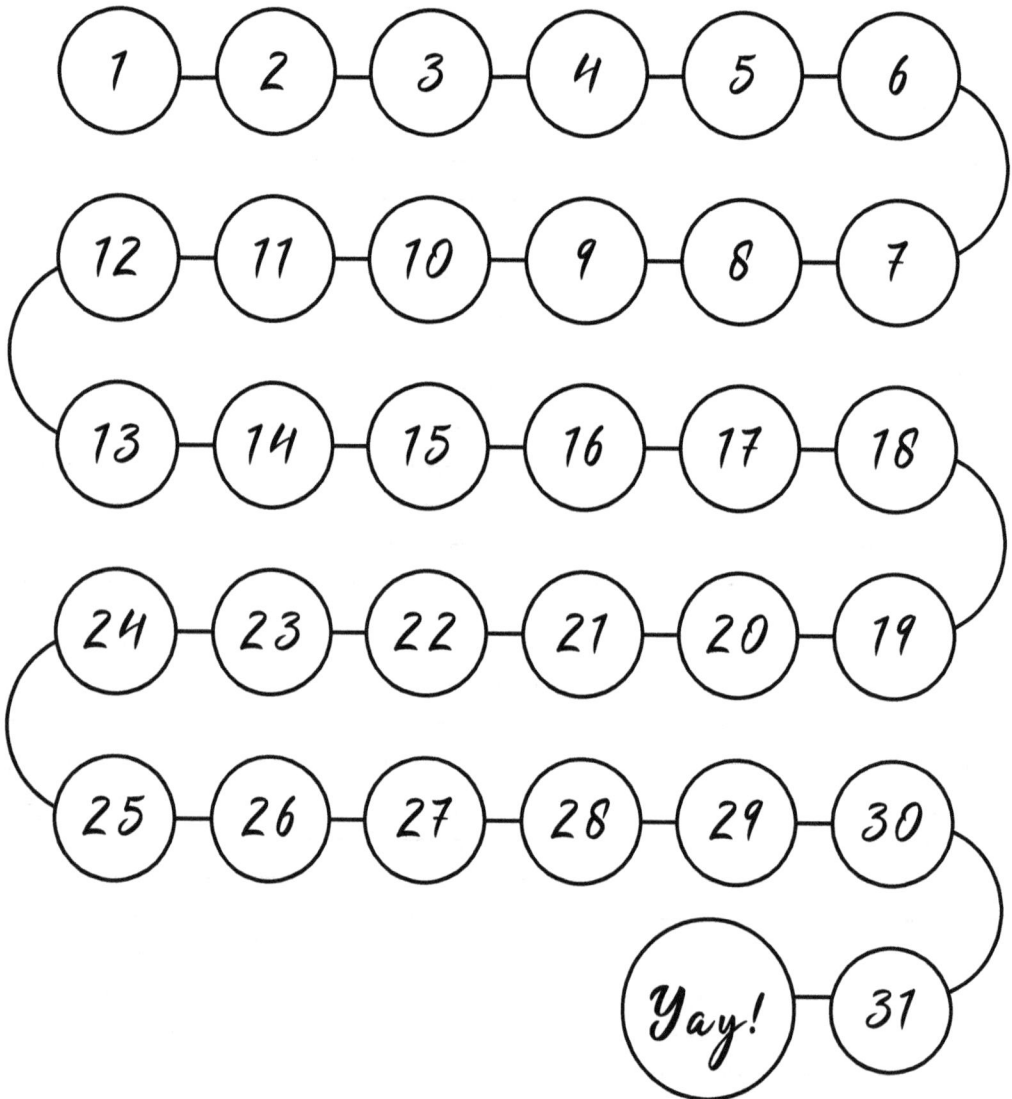

· ·

(1) — (2) — (3) — (4) — (5) — (6)

(12) — (11) — (10) — (9) — (8) — (7)

(13) — (14) — (15) — (16) — (17) — (18)

(24) — (23) — (22) — (21) — (20) — (19)

(25) — (26) — (27) — (28) — (29) — (30)

(Yay!) — (31)

Monthly Bill
CHECKLIST

MONTH _____

DATE	SOURCE/DESCRIPTION	AMOUNT	PAID
			☐
			☐
			☐
			☐
			☐
			☐
			☐
			☐
			☐
			☐
			☐
			☐
			☐
			☐
			☐
			☐
			☐
			☐
			☐
			☐
			☐
			☐
			☐
			☐
			☐
			☐
			☐
			☐
			☐
			☐
			☐
			☐
			☐
			☐
			☐

Savings Tracker

SAVE FOR _____

AMOUNT NEEDED _____ STARTING BALANCE _____ TARGET DATE _____

Finance Goal

DATE _____

NEXT MONTH

_____ ☐
_____ ☐
_____ ☐
_____ ☐

NEXT QUARTER

_____ ☐
_____ ☐
_____ ☐
_____ ☐
_____ ☐

NEXT 6 MONTHS

_____ ☐
_____ ☐
_____ ☐
_____ ☐
_____ ☐

THIS YEAR

_____ ☐
_____ ☐
_____ ☐
_____ ☐
_____ ☐
_____ ☐
_____ ☐
_____ ☐
_____ ☐
_____ ☐
_____ ☐
_____ ☐

No Spend
TRACKER

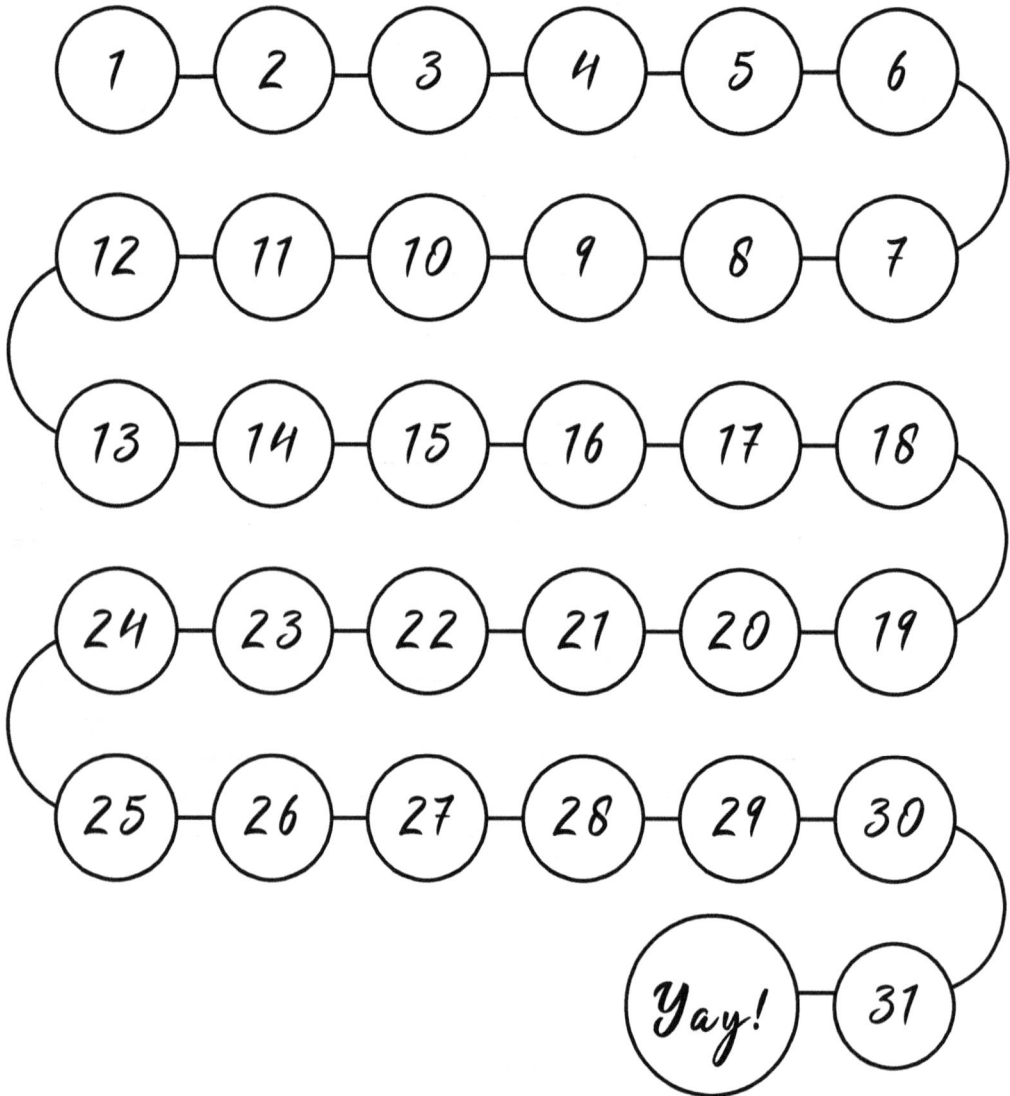

1 — 2 — 3 — 4 — 5 — 6

12 — 11 — 10 — 9 — 8 — 7

13 — 14 — 15 — 16 — 17 — 18

24 — 23 — 22 — 21 — 20 — 19

25 — 26 — 27 — 28 — 29 — 30

Yay! — 31

Monthly Bill
CHECKLIST

MONTH _____

DATE	SOURCE/DESCRIPTION	AMOUNT	PAID
			☐
			☐
			☐
			☐
			☐
			☐
			☐
			☐
			☐
			☐
			☐
			☐
			☐
			☐
			☐
			☐
			☐
			☐
			☐
			☐
			☐
			☐
			☐
			☐
			☐
			☐
			☐
			☐
			☐
			☐
			☐
			☐
			☐

Savings Tracker

SAVE FOR _____

AMOUNT NEEDED _____ STARTING BALANCE _____ TARGET DATE _____

Finance Goal

DATE _____

NEXT MONTH
_____ ☐
_____ ☐
_____ ☐
_____ ☐

NEXT QUARTER
_____ ☐
_____ ☐
_____ ☐
_____ ☐
_____ ☐

NEXT 6 MONTHS
_____ ☐
_____ ☐
_____ ☐
_____ ☐
_____ ☐

THIS YEAR
_____ ☐
_____ ☐
_____ ☐
_____ ☐
_____ ☐
_____ ☐
_____ ☐
_____ ☐
_____ ☐
_____ ☐
_____ ☐
_____ ☐

No Spend
TRACKER

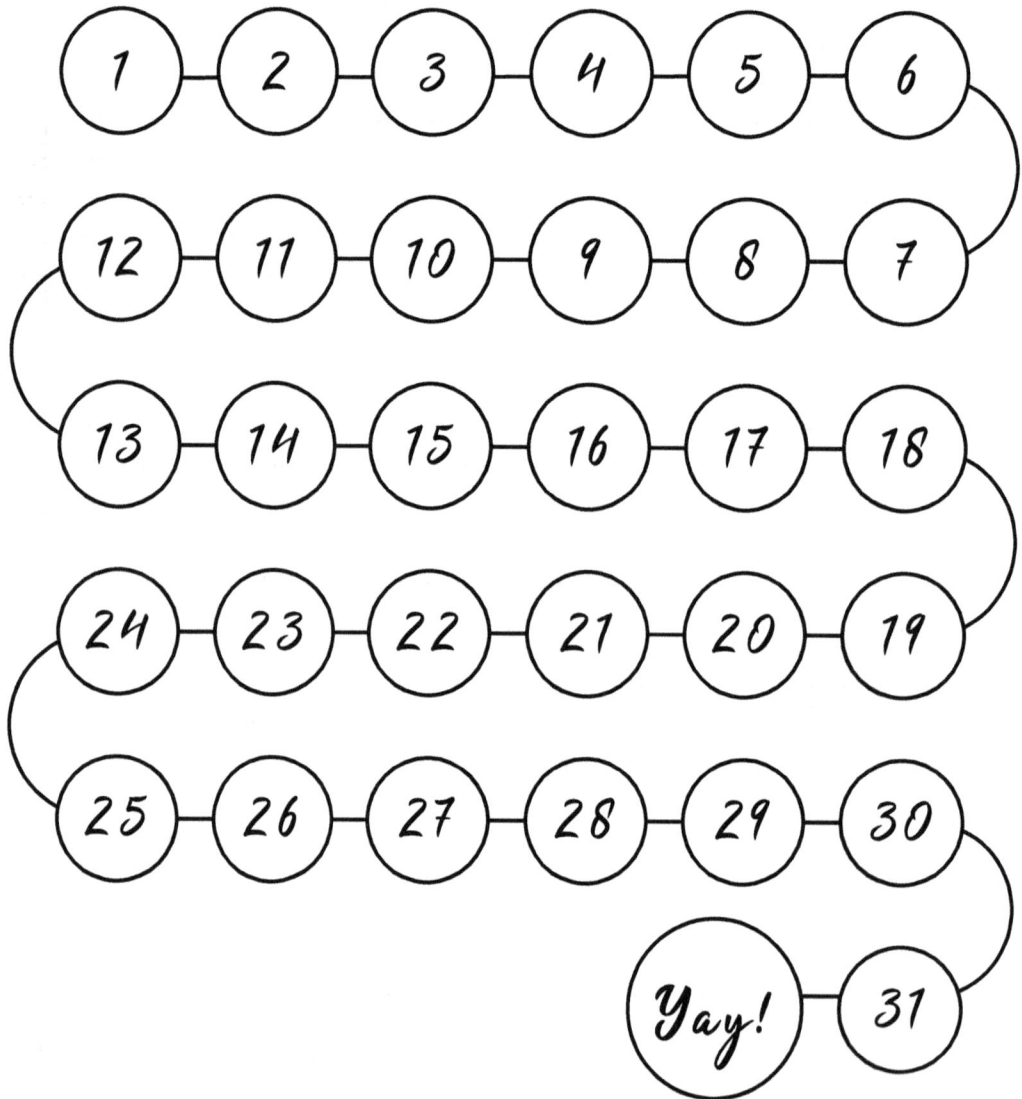

1 — 2 — 3 — 4 — 5 — 6

12 — 11 — 10 — 9 — 8 — 7

13 — 14 — 15 — 16 — 17 — 18

24 — 23 — 22 — 21 — 20 — 19

25 — 26 — 27 — 28 — 29 — 30

Yay! — 31

Monthly Bill
CHECKLIST

MONTH _____

DATE	SOURCE/DESCRIPTION	AMOUNT	PAID
			☐
			☐
			☐
			☐
			☐
			☐
			☐
			☐
			☐
			☐
			☐
			☐
			☐
			☐
			☐
			☐
			☐
			☐
			☐
			☐
			☐
			☐
			☐
			☐
			☐
			☐
			☐
			☐
			☐
			☐
			☐
			☐
			☐

Savings Tracker

SAVE FOR _____

AMOUNT NEEDED _____ STARTING BALANCE _____ TARGET DATE _____

Finance Goal

DATE _____

NEXT MONTH

_____ ☐
_____ ☐
_____ ☐
_____ ☐

NEXT QUARTER

_____ ☐
_____ ☐
_____ ☐
_____ ☐
_____ ☐

NEXT 6 MONTHS

_____ ☐
_____ ☐
_____ ☐
_____ ☐
_____ ☐

THIS YEAR

_____ ☐
_____ ☐
_____ ☐
_____ ☐
_____ ☐
_____ ☐
_____ ☐
_____ ☐
_____ ☐
_____ ☐
_____ ☐
_____ ☐
_____ ☐

No Spend
TRACKER

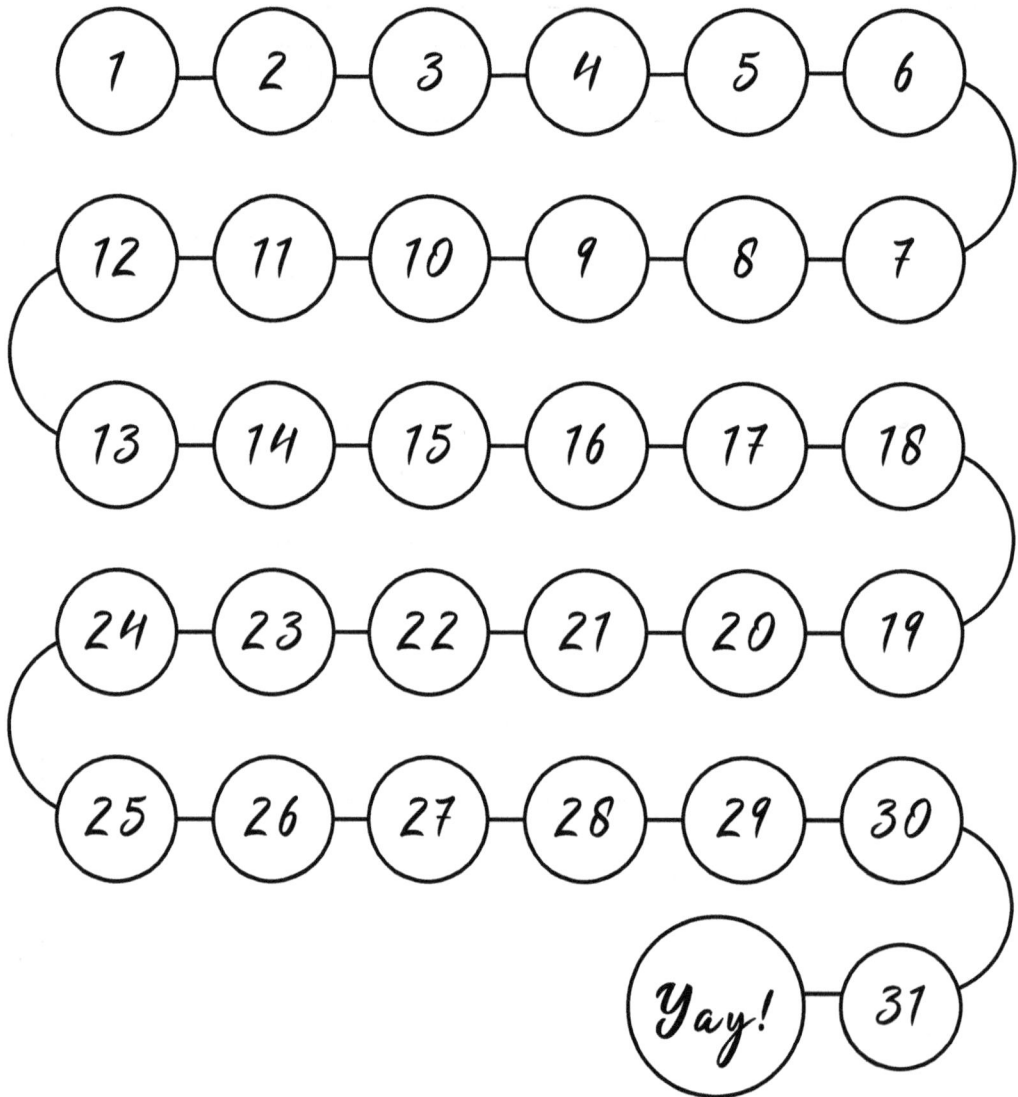

· ·

(1) (2) (3) (4) (5) (6)

(12) (11) (10) (9) (8) (7)

(13) (14) (15) (16) (17) (18)

(24) (23) (22) (21) (20) (19)

(25) (26) (27) (28) (29) (30)

(Yay!) (31)

Monthly Bill
CHECKLIST

MONTH _____

DATE	SOURCE/DESCRIPTION	AMOUNT	PAID
			☐
			☐
			☐
			☐
			☐
			☐
			☐
			☐
			☐
			☐
			☐
			☐
			☐
			☐
			☐
			☐
			☐
			☐
			☐
			☐
			☐
			☐
			☐
			☐
			☐
			☐
			☐
			☐
			☐
			☐
			☐

Savings Tracker

SAVE FOR _____

AMOUNT NEEDED _____ STARTING BALANCE _____ TARGET DATE _____

Finance Goal

DATE _____

NEXT MONTH

_____ ☐
_____ ☐
_____ ☐
_____ ☐

NEXT QUARTER

_____ ☐
_____ ☐
_____ ☐
_____ ☐
_____ ☐

NEXT 6 MONTHS

_____ ☐
_____ ☐
_____ ☐
_____ ☐
_____ ☐

THIS YEAR

_____ ☐
_____ ☐
_____ ☐
_____ ☐
_____ ☐
_____ ☐
_____ ☐
_____ ☐
_____ ☐
_____ ☐
_____ ☐
_____ ☐

No Spend
TRACKER

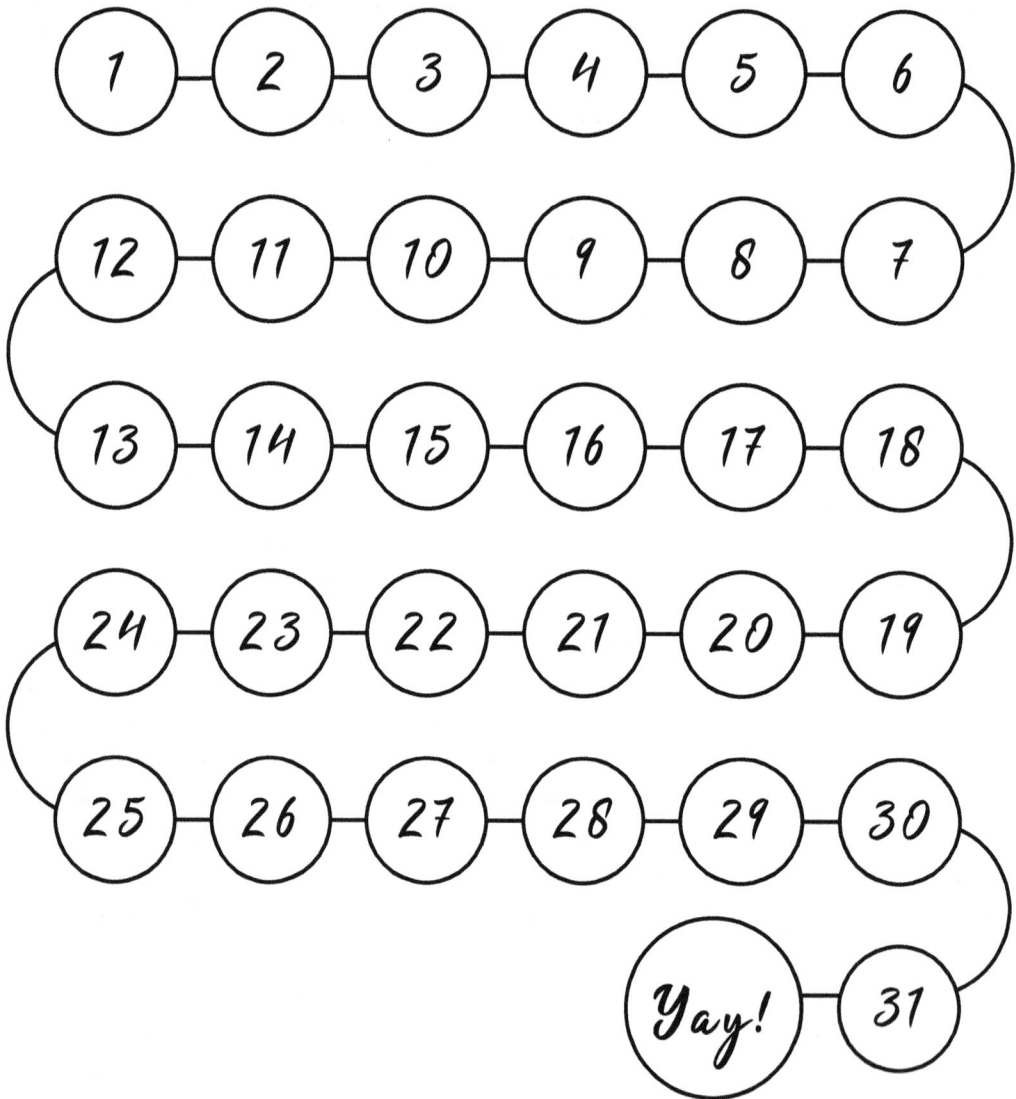

1 — 2 — 3 — 4 — 5 — 6

12 — 11 — 10 — 9 — 8 — 7

13 — 14 — 15 — 16 — 17 — 18

24 — 23 — 22 — 21 — 20 — 19

25 — 26 — 27 — 28 — 29 — 30

Yay! — 31

Monthly Bill
CHECKLIST

MONTH _____

DATE	SOURCE/DESCRIPTION	AMOUNT	PAID
			☐
			☐
			☐
			☐
			☐
			☐
			☐
			☐
			☐
			☐
			☐
			☐
			☐
			☐
			☐
			☐
			☐
			☐
			☐
			☐
			☐
			☐
			☐
			☐
			☐
			☐
			☐
			☐
			☐
			☐

Savings Tracker

SAVE FOR _____

AMOUNT NEEDED _____ STARTING BALANCE _____ TARGET DATE _____

Finance Goal

DATE _____

NEXT MONTH
_____ ☐
_____ ☐
_____ ☐
_____ ☐

NEXT QUARTER
_____ ☐
_____ ☐
_____ ☐
_____ ☐
_____ ☐

NEXT 6 MONTHS
_____ ☐
_____ ☐
_____ ☐
_____ ☐

THIS YEAR
_____ ☐
_____ ☐
_____ ☐
_____ ☐
_____ ☐
_____ ☐
_____ ☐
_____ ☐
_____ ☐
_____ ☐
_____ ☐
_____ ☐
_____ ☐

No Spend
TRACKER

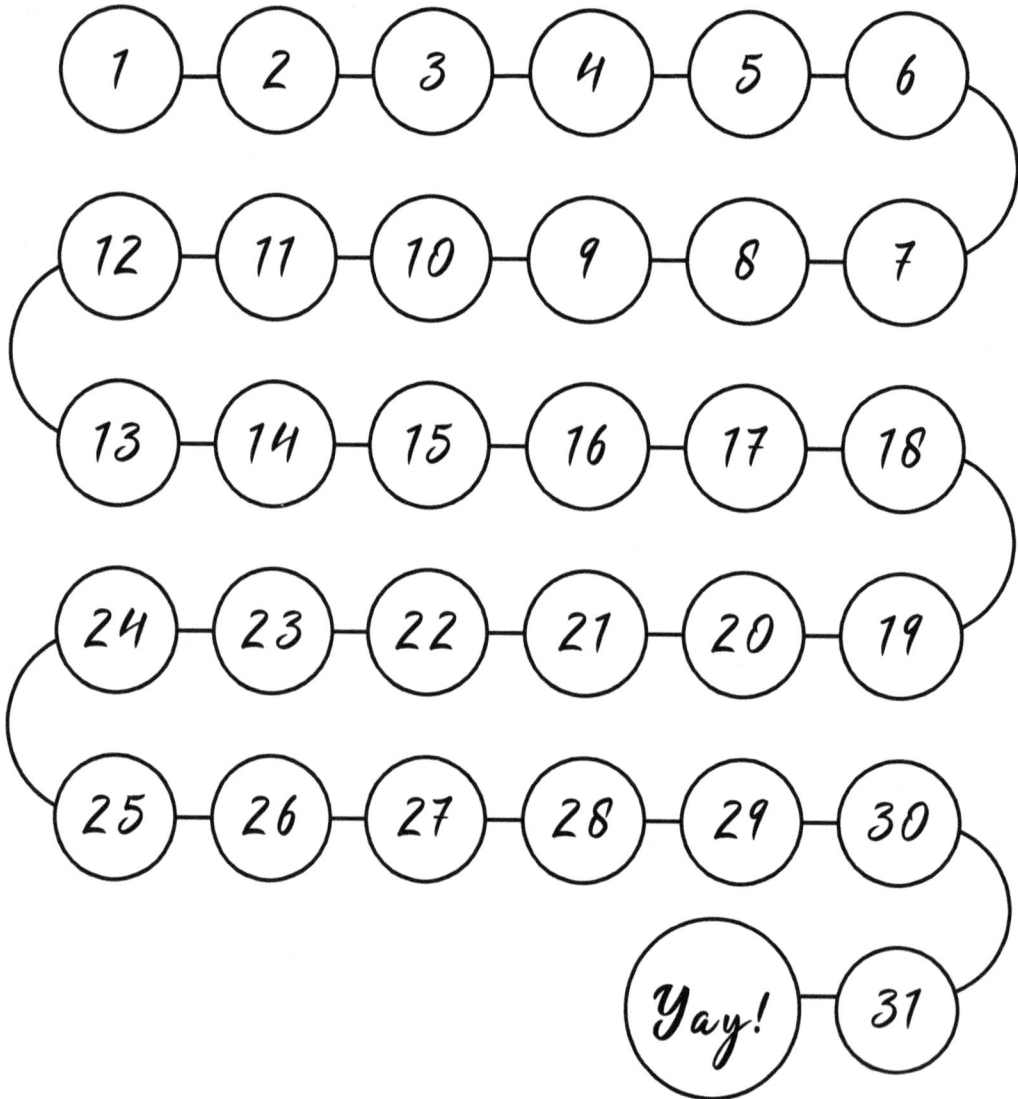

1 — 2 — 3 — 4 — 5 — 6

12 — 11 — 10 — 9 — 8 — 7

13 — 14 — 15 — 16 — 17 — 18

24 — 23 — 22 — 21 — 20 — 19

25 — 26 — 27 — 28 — 29 — 30

Yay! — 31

Monthly Bill
CHECKLIST

MONTH _____

DATE	SOURCE/DESCRIPTION	AMOUNT	PAID
			☐
			☐
			☐
			☐
			☐
			☐
			☐
			☐
			☐
			☐
			☐
			☐
			☐
			☐
			☐
			☐
			☐
			☐
			☐
			☐
			☐
			☐
			☐
			☐
			☐
			☐
			☐
			☐
			☐
			☐

Savings Tracker

SAVE FOR _____

AMOUNT NEEDED _____ STARTING BALANCE _____ TARGET DATE _____

Finance Goal

DATE _____

NEXT MONTH

_____ ☐
_____ ☐
_____ ☐
_____ ☐

NEXT QUARTER

_____ ☐
_____ ☐
_____ ☐
_____ ☐
_____ ☐

NEXT 6 MONTHS

_____ ☐
_____ ☐
_____ ☐
_____ ☐
_____ ☐

THIS YEAR

_____ ☐
_____ ☐
_____ ☐
_____ ☐
_____ ☐
_____ ☐
_____ ☐
_____ ☐
_____ ☐
_____ ☐
_____ ☐
_____ ☐
_____ ☐

No Spend
TRACKER

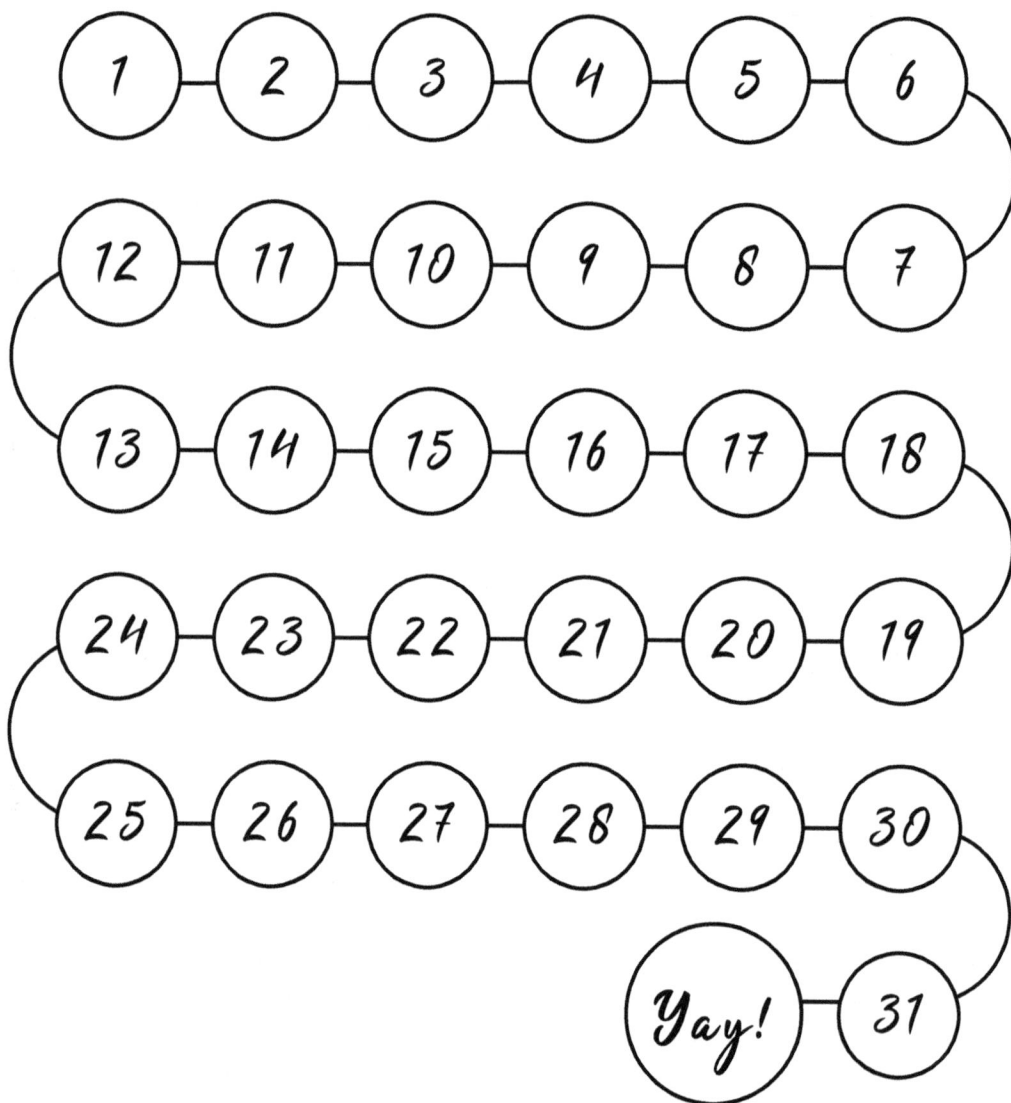

1 2 3 4 5 6

12 11 10 9 8 7

13 14 15 16 17 18

24 23 22 21 20 19

25 26 27 28 29 30

Yay! 31

Monthly Bill
CHECKLIST

MONTH _____

DATE	SOURCE/DESCRIPTION	AMOUNT	PAID
			☐
			☐
			☐
			☐
			☐
			☐
			☐
			☐
			☐
			☐
			☐
			☐
			☐
			☐
			☐
			☐
			☐
			☐
			☐
			☐
			☐
			☐
			☐
			☐
			☐
			☐
			☐
			☐
			☐
			☐

Savings Tracker

SAVE FOR _____

AMOUNT NEEDED _____ STARTING BALANCE _____ TARGET DATE _____

Finance Goal

DATE _____

NEXT MONTH
_____ ☐
_____ ☐
_____ ☐
_____ ☐

NEXT QUARTER
_____ ☐
_____ ☐
_____ ☐
_____ ☐
_____ ☐

NEXT 6 MONTHS
_____ ☐
_____ ☐
_____ ☐
_____ ☐
_____ ☐

THIS YEAR
_____ ☐
_____ ☐
_____ ☐
_____ ☐
_____ ☐
_____ ☐
_____ ☐
_____ ☐
_____ ☐
_____ ☐
_____ ☐
_____ ☐

No Spend
TRACKER

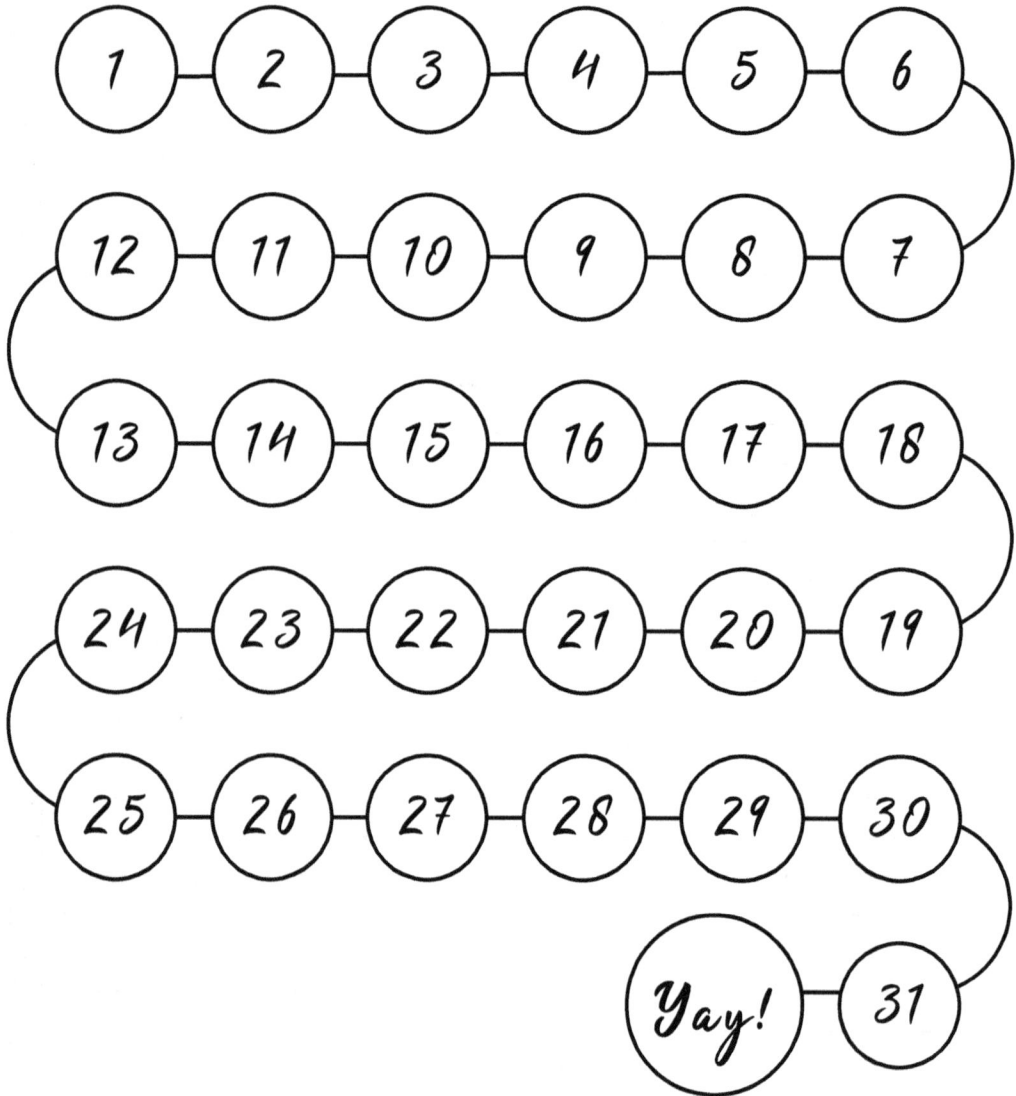

· ·

1	2	3	4	5	6
12	11	10	9	8	7
13	14	15	16	17	18
24	23	22	21	20	19
25	26	27	28	29	30

Yay! 31

Monthly Bill
CHECKLIST

MONTH _____

DATE	SOURCE/DESCRIPTION	AMOUNT	PAID
			☐
			☐
			☐
			☐
			☐
			☐
			☐
			☐
			☐
			☐
			☐
			☐
			☐
			☐
			☐
			☐
			☐
			☐
			☐
			☐
			☐
			☐
			☐
			☐
			☐
			☐
			☐
			☐
			☐
			☐
			☐
			☐
			☐

Savings Tracker

SAVE FOR _____

AMOUNT NEEDED _____ STARTING BALANCE _____ TARGET DATE _____

Finance Goal

DATE _____

NEXT MONTH

_____ ☐
_____ ☐
_____ ☐
_____ ☐

NEXT QUARTER

_____ ☐
_____ ☐
_____ ☐
_____ ☐
_____ ☐

NEXT 6 MONTHS

_____ ☐
_____ ☐
_____ ☐
_____ ☐
_____ ☐

THIS YEAR

_____ ☐
_____ ☐
_____ ☐
_____ ☐
_____ ☐
_____ ☐
_____ ☐
_____ ☐
_____ ☐
_____ ☐
_____ ☐
_____ ☐
_____ ☐

No Spend
TRACKER

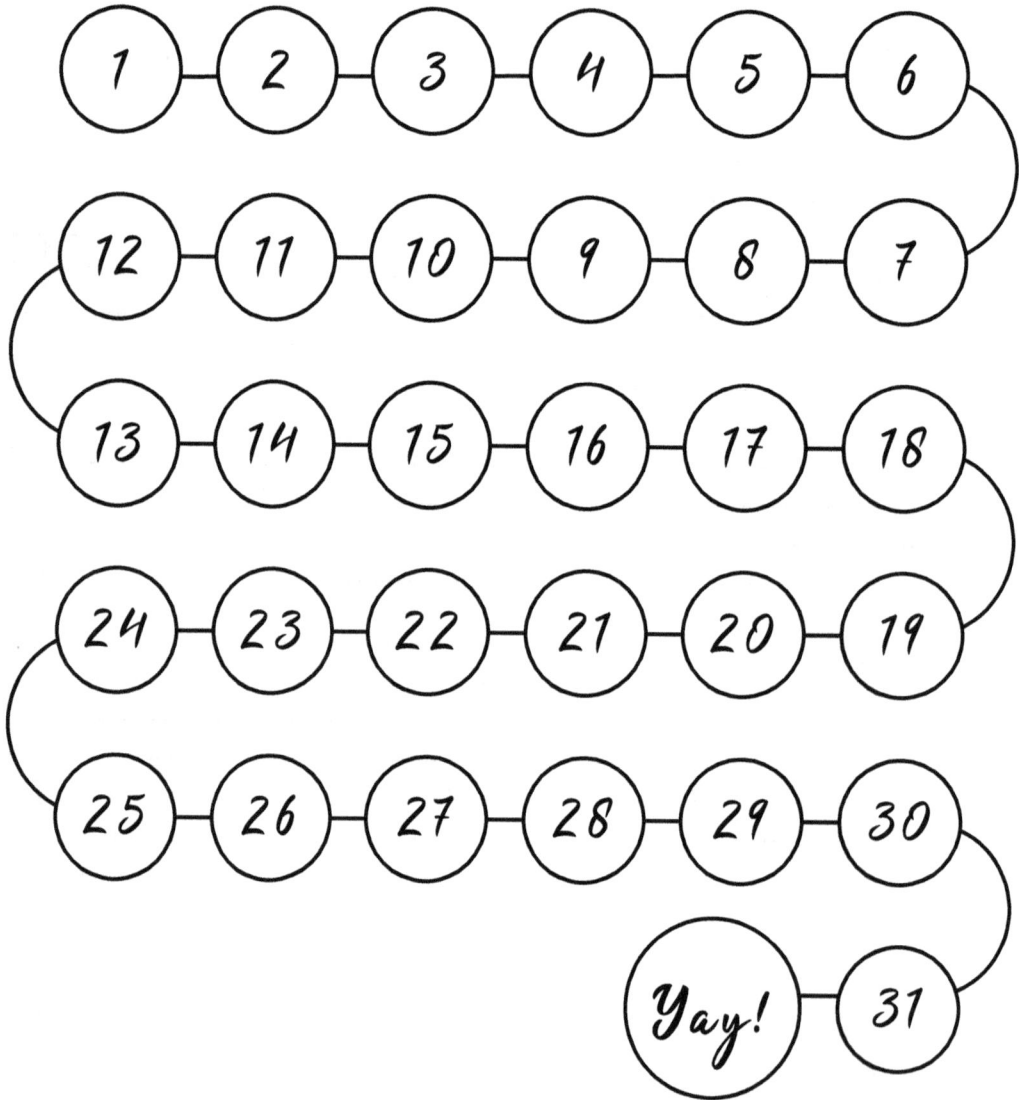

1 — 2 — 3 — 4 — 5 — 6

12 — 11 — 10 — 9 — 8 — 7

13 — 14 — 15 — 16 — 17 — 18

24 — 23 — 22 — 21 — 20 — 19

25 — 26 — 27 — 28 — 29 — 30

Yay! — 31

Monthly Bill
CHECKLIST

MONTH _____

DATE	SOURCE/DESCRIPTION	AMOUNT	PAID
			☐
			☐
			☐
			☐
			☐
			☐
			☐
			☐
			☐
			☐
			☐
			☐
			☐
			☐
			☐
			☐
			☐
			☐
			☐
			☐
			☐
			☐
			☐
			☐
			☐
			☐
			☐
			☐
			☐
			☐
			☐
			☐
			☐

Savings Tracker

SAVE FOR _____

AMOUNT NEEDED _____ STARTING BALANCE _____ TARGET DATE _____

Finance Goal

DATE _____

NEXT MONTH

_____ ☐
_____ ☐
_____ ☐
_____ ☐

NEXT QUARTER

_____ ☐
_____ ☐
_____ ☐
_____ ☐
_____ ☐

NEXT 6 MONTHS

_____ ☐
_____ ☐
_____ ☐
_____ ☐
_____ ☐

THIS YEAR

_____ ☐
_____ ☐
_____ ☐
_____ ☐
_____ ☐
_____ ☐
_____ ☐
_____ ☐
_____ ☐
_____ ☐
_____ ☐
_____ ☐
_____ ☐

No Spend
TRACKER

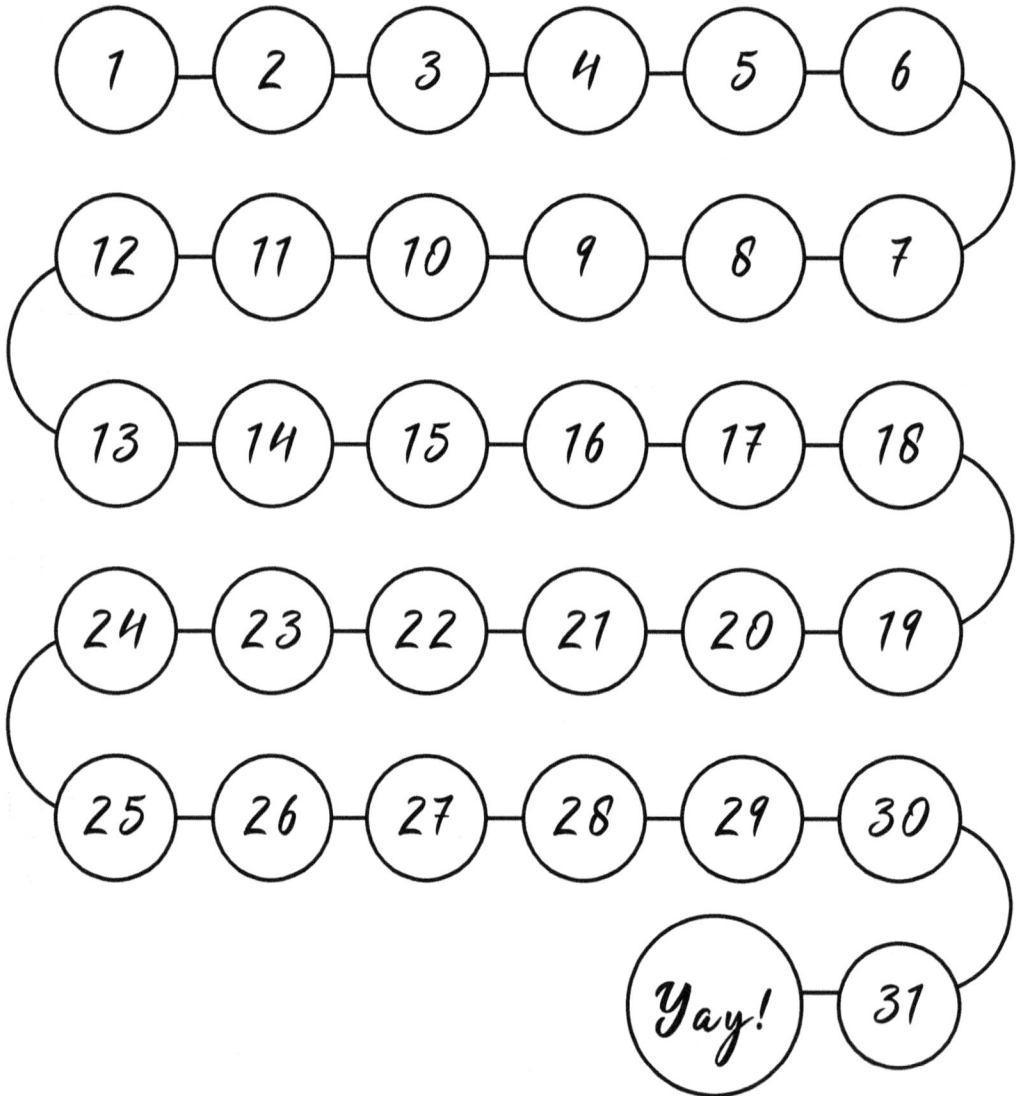

1 — 2 — 3 — 4 — 5 — 6

12 — 11 — 10 — 9 — 8 — 7

13 — 14 — 15 — 16 — 17 — 18

24 — 23 — 22 — 21 — 20 — 19

25 — 26 — 27 — 28 — 29 — 30

Yay! — 31

www.ingramcontent.com/pod-product-compliance
Lightning Source LLC
Chambersburg PA
CBHW051800200326
41597CB00025B/4633